MW01504016

DEDICATION

This Sermon Notes Log book is dedicated to all the spiritual and God loving people out there who love to take notes when they listen to a Sermon.

You are my inspiration for producing books and I'm honored to be a part of keeping all of your Sermon notes and records organized.

This journal notebook will help you record your details about the Sermon.

Thoughtfully put together with these sections to record: Date, Speaker, Topic, Scripture References, Prayer Requests, Key Word, Further Study and Notes.

How to Use this Pizza Review Log Book:

The purpose of this book is to keep all of your Sermon notes all in one place. It will help keep you organized.

This Sermon Notes Journal will allow you to accurately document every detail about the Sermon. It's a great way to chart your course through a memorable Sermon.

Here are examples of the prompts for you to fill in and write about your experience in this book:

1. Date - For writing the Date.

2. Speaker - Record who the Speaker was.

3. Topic - Log the Topic of the sermon.

4. Scripture References - Write the Scriptures used in the sermon.

5. Prayer Requests - Keep track of Prayer Requests.

6. Key Word - For writing the Keywords from the sermon.

7. Further Study - Record what you would like to Study more.

8. Notes - Record any other important information you want such as upcoming events, your personal prayers for the week, etc.

Enjoy!

Date _____   **Speaker** _____

Topic _____

Scripture References

_____

_____

Notes	Prayer Requests

Further Study	Keywords

Date _____   **Speaker** _____

Topic _____

Scripture References

_____

_____

Notes	Prayer Requests

Further Study	Keywords

Date _____ **Speaker** _____

Topic _____

Scripture References

_____

_____

Notes

Prayer Requests

Keywords

Further Study

Date _____ **Speaker** _____

Topic _____

Scripture References

_____

_____

Notes	Prayer Requests

Further Study	Keywords

Date _____ **Speaker** _____

Topic _____

Scripture References

_____

_____

Notes

Prayer Requests

Further Study

Keywords

Date _____ **Speaker** _____

Topic _____

Scripture References

_____

_____

Notes	Prayer Requests

Further Study	Keywords

Date _____   **Speaker** _____

Topic _____

Scripture References

_____

_____

Notes

Prayer Requests

Further Study

Keywords

Date _____ **Speaker** _____

Topic _____

Scripture References

_____

_____

Notes	Prayer Requests

Further Study	Keywords

Date _____   **Speaker** _____

Topic _____

Scripture References

_____

_____

Notes

Prayer Requests

Keywords

Further Study

Date _____ **Speaker** _____

Topic _____

Scripture References

_____

_____

Notes	Prayer Requests

Further Study	Keywords

Date _____   **Speaker** _____

Topic _____

Scripture References

_____

_____

Notes	Prayer Requests

Keywords

Further Study

Date _____   **Speaker** _____

Topic _____

Scripture References

_____

_____

Notes	Prayer Requests

Further Study	Keywords

Date _____   **Speaker** _____

Topic _____

Scripture References

_____

_____

Notes	Prayer Requests

Keywords

Further Study

Date _____ **Speaker** _____

Topic _____

Scripture References

_____

_____

Notes	Prayer Requests

Further Study	Keywords

Date _____ **Speaker** _____

Topic _____

Scripture References

_____

_____

Notes

Prayer Requests

Keywords

Further Study

Date _____   **Speaker** _____

Topic _____

Scripture References

_____

_____

Notes	Prayer Requests

Further Study	Keywords

Date _____ **Speaker** _____

Topic _____

Scripture References

_____

_____

Notes	Prayer Requests

Further Study	Keywords

Date _____   **Speaker** _____

Topic _____

Scripture References

_____

_____

Notes

Prayer Requests

Further Study

Keywords

Date _____ **Speaker** _____

Topic _____

Scripture References

_____

_____

Notes	Prayer Requests

Further Study	Keywords

Date _____   **Speaker** _____

Topic _____

Scripture References

_____

_____

Notes	Prayer Requests

Further Study

Keywords

Date _____ **Speaker** _____

Topic _____

Scripture References

_____

_____

Notes	Prayer Requests

Keywords

Further Study

Date _____   **Speaker** _____

Topic _____

Scripture References

_____

_____

Notes	Prayer Requests

Further Study	Keywords

Date _____ **Speaker** _____

Topic _____

Scripture References

_____

_____

Notes	Prayer Requests

Keywords

Further Study

Date _____ **Speaker** _____

Topic _____

Scripture References

_____

_____

Notes

Prayer Requests

Keywords

Further Study

Date _____ **Speaker** _____

Topic _____

Scripture References

_____

_____

Notes

Prayer Requests

Further Study

Keywords

Date _____   **Speaker** _____

Topic _____

Scripture References

_____

_____

Notes

Prayer Requests

Keywords

Further Study

Date _____ **Speaker** _____

Topic _____

Scripture References

_____

_____

Notes	Prayer Requests

Further Study

Keywords

Date _____   **Speaker** _____

Topic _____

Scripture References

_____

_____

Notes	Prayer Requests

Further Study	Keywords

Date _____ **Speaker** _____

Topic _____

Scripture References

_____

_____

Notes	Prayer Requests

Keywords

Further Study

Date _____ **Speaker** _____

Topic _____

Scripture References

_____

_____

Notes

Prayer Requests

Keywords

Further Study

Date _____ **Speaker** _____

Topic _____

Scripture References

_____

_____

Notes

Prayer Requests

Keywords

Further Study

Date _____ **Speaker** _____

Topic _____

Scripture References

_____

_____

Notes	Prayer Requests

Further Study	Keywords

Date _____   **Speaker** _____

Topic _____

Scripture References

_____

_____

Notes

Prayer Requests

Keywords

Further Study

Date _____ **Speaker** _____

Topic _____

Scripture References

_____

_____

Notes	Prayer Requests

Further Study

Keywords

Date _____   **Speaker** _____

Topic _____

Scripture References

_____

_____

Notes

Prayer Requests

Keywords

Further Study

Date _____ **Speaker** _____

Topic _____

Scripture References

_____

_____

Notes	Prayer Requests

Further Study	Keywords

Date _____ **Speaker** _____

Topic _____

Scripture References

_____

_____

Notes	Prayer Requests

Keywords

Further Study

Date _____ **Speaker** _____

Topic _____

Scripture References

_____

_____

Notes

Prayer Requests

Keywords

Further Study

Date _____ **Speaker** _____

Topic _____

Scripture References

_____

_____

Notes	Prayer Requests

Further Study

Keywords

Date _____   **Speaker** _____

Topic _____

Scripture References

_____

_____

Notes	Prayer Requests

Further Study	Keywords

Date _____ **Speaker** _____

Topic _____

Scripture References

_____

_____

Notes

Prayer Requests

Keywords

Further Study

Date _____ **Speaker** _____

Topic _____

Scripture References

_____

_____

Notes	Prayer Requests

Further Study	Keywords

Date _____ **Speaker** _____

Topic _____

Scripture References

_____

_____

Notes	Prayer Requests

Further Study

Keywords

Date _____   **Speaker** _____

Topic _____

Scripture References

_____

_____

Notes	Prayer Requests

Further Study	Keywords

Date _____   **Speaker** _____

Topic _____

Scripture References

_____

_____

Notes

Prayer Requests

Further Study

Keywords

Date _____   **Speaker** _____

Topic _____

Scripture References

_____

_____

Notes	Prayer Requests

Further Study

Keywords

Date _____ **Speaker** _____

Topic _____

Scripture References

_____

_____

Notes	Prayer Requests

Further Study

Keywords

Date _____   **Speaker** _____

Topic _____

Scripture References

_____

_____

Notes	Prayer Requests

Further Study	Keywords

Date _____   **Speaker** _____

Topic _____

Scripture References

_____

_____

Notes	Prayer Requests

Further Study	Keywords

Date _____   **Speaker** _____

Topic _____

Scripture References

_____

_____

Notes	Prayer Requests

Further Study	Keywords

Date _____ **Speaker** _____

Topic _____

Scripture References

_____

_____

Notes

Prayer Requests

Keywords

Further Study

Date _____   **Speaker** _____

Topic _____

Scripture References

_____

_____

Notes	Prayer Requests

Further Study	Keywords

Date _____   **Speaker** _____

Topic _____

Scripture References

_____

_____

Notes

Prayer Requests

Keywords

Further Study

Date _____ **Speaker** _____

Topic _____

Scripture References

_____

_____

Notes	Prayer Requests

Further Study	Keywords

Date _____   **Speaker** _____

Topic _____

Scripture References

_____

_____

Notes	Prayer Requests

Further Study	Keywords

Date _____   **Speaker** _____

Topic _____

Scripture References

_____

_____

Notes	Prayer Requests

Further Study	Keywords

Date _____   **Speaker** _____

Topic _____

Scripture References

_____

_____

Notes

Prayer Requests

Keywords

Further Study

Date _____ **Speaker** _____

Topic _____

Scripture References

_____

_____

Notes

Prayer Requests

Keywords

Further Study

Date _____   **Speaker** _____

Topic _____

Scripture References

_____

_____

Notes

Prayer Requests

Keywords

Further Study

Date _____ **Speaker** _____

Topic _____

Scripture References

_____

_____

Notes	Prayer Requests

Keywords

Further Study

Date _____   **Speaker** _____

Topic _____

Scripture References

_____

_____

Notes	Prayer Requests

Further Study

Keywords

Date _____   **Speaker** _____

Topic _____

Scripture References

_____

_____

Notes	Prayer Requests

Keywords

Further Study

Date _____ **Speaker** _____

Topic _____

Scripture References

_____

_____

Notes

Prayer Requests

Keywords

Further Study

Date _____ **Speaker** _____

Topic _____

Scripture References

_____

_____

Notes

Prayer Requests

Keywords

Further Study

Date _____ **Speaker** _____

Topic _____

Scripture References

_____

_____

Notes	Prayer Requests

Keywords

Further Study

Date _____   **Speaker** _____

Topic _____

Scripture References

_____

_____

Notes	Prayer Requests

Further Study	Keywords

Date _____   **Speaker** _____

Topic _____

Scripture References

_____

_____

Notes	Prayer Requests

Further Study	Keywords

Date _____ **Speaker** _____

Topic _____

Scripture References

_____

_____

Notes

Prayer Requests

Keywords

Further Study

Date _____   **Speaker** _____

Topic _____

Scripture References

_____

_____

Notes

Prayer Requests

Keywords

Further Study

Date _____   **Speaker** _____

Topic _____

Scripture References

_____

_____

Notes

Prayer Requests

Keywords

Further Study

Date _____ **Speaker** _____

Topic _____

Scripture References

_____

_____

Notes

Prayer Requests

Keywords

Further Study

Date _____   **Speaker** _____

Topic _____

Scripture References

_____

_____

Notes	Prayer Requests

Further Study	Keywords

Date _____   **Speaker** _____

Topic _____

Scripture References

_____

_____

Notes	Prayer Requests

Keywords

Further Study

Date _____ **Speaker** _____

Topic _____

Scripture References

_____

_____

Notes	Prayer Requests

Keywords

Further Study

Date _____ **Speaker** _____

Topic _____

Scripture References

_____

_____

Notes

Prayer Requests

Keywords

Further Study

Date _____ **Speaker** _____

Topic _____

Scripture References

_____

_____

Notes

Prayer Requests

Keywords

Further Study

Date _____   **Speaker** _____

Topic _____

Scripture References

_____

_____

Notes	Prayer Requests

Further Study	Keywords

Date _____   **Speaker** _____

Topic _____

Scripture References

_____

_____

Notes	Prayer Requests

Further Study	Keywords

Date _____ **Speaker** _____

Topic _____

Scripture References

_____

_____

Notes	Prayer Requests

Keywords

Further Study

Date _____ **Speaker** _____

Topic _____

Scripture References

_____

_____

Notes	Prayer Requests

Further Study	Keywords

Date _____   **Speaker** _____

Topic _____

Scripture References

_____

_____

Notes

Prayer Requests

Keywords

Further Study

Date _____ **Speaker** _____

Topic _____

Scripture References

_____

_____

Notes

Prayer Requests

Keywords

Further Study

Date _____   **Speaker** _____

Topic _____

Scripture References

_____

_____

Notes

Prayer Requests

Keywords

Further Study

Date _____ **Speaker** _____

Topic _____

Scripture References

_____

_____

Notes	Prayer Requests

Further Study	Keywords

Date _____   **Speaker** _____

Topic _____

Scripture References

_____

_____

Notes	Prayer Requests

Keywords

Further Study

Date _____   **Speaker** _____

Topic _____

Scripture References

_____

_____

Notes	Prayer Requests

Further Study	Keywords

Date _____ **Speaker** _____

Topic _____

Scripture References

_____

_____

Notes

Prayer Requests

Keywords

Further Study

Date _____ **Speaker** _____

Topic _____

Scripture References

_____

_____

Notes

Prayer Requests

Keywords

Further Study

Date _____ **Speaker** _____

Topic _____

Scripture References

_____

_____

Notes

Prayer Requests

Keywords

Further Study

Date _____   **Speaker** _____

Topic _____

Scripture References

_____

_____

Notes	Prayer Requests

Further Study

Keywords

Date _____   **Speaker** _____

Topic _____

Scripture References

_____

_____

Notes	Prayer Requests

Further Study	Keywords

Date _____ **Speaker** _____

Topic _____

Scripture References

_____

_____

Notes	Prayer Requests

Keywords

Further Study

Date _____   **Speaker** _____

Topic _____

Scripture References

_____

_____

Notes	Prayer Requests

Further Study

Keywords

Date _____ **Speaker** _____

Topic _____

Scripture References

_____

_____

Notes	Prayer Requests

Keywords

Further Study

Date _____   **Speaker** _____

Topic _____

Scripture References

_____

_____

Notes	Prayer Requests

Further Study

Keywords

Date _____ **Speaker** _____

Topic _____

Scripture References

_____

_____

Notes	Prayer Requests

Further Study

Keywords

Date _____ **Speaker** _____

Topic _____

Scripture References

_____

_____

Notes	Prayer Requests

Keywords

Further Study

Date _____   **Speaker** _____

Topic _____

Scripture References

_____

_____

Notes	Prayer Requests

Further Study	Keywords

Date _____ **Speaker** _____

Topic _____

Scripture References

_____

_____

Notes

Prayer Requests

Keywords

Further Study

Date _____ **Speaker** _____

Topic _____

Scripture References

_____

_____

Notes

Prayer Requests

Keywords

Further Study

Date _____   **Speaker** _____

Topic _____

Scripture References

_____

_____

Notes	Prayer Requests

Keywords

Further Study

Date _____ **Speaker** _____

Topic _____

Scripture References

_____

_____

Notes	Prayer Requests

Further Study	Keywords

Date _____   **Speaker** _____

Topic _____

Scripture References

_____

_____

Notes	Prayer Requests

Further Study	Keywords

Date _____   **Speaker** _____

Topic _____

Scripture References

_____

_____

Notes

Prayer Requests

Keywords

Further Study

Date _____   **Speaker** _____

Topic _____

Scripture References

_____

_____

Notes

Prayer Requests

Keywords

Further Study

Date _____ **Speaker** _____

Topic _____

Scripture References

_____

_____

Notes	Prayer Requests

Further Study	Keywords

Date _____   **Speaker** _____

Topic _____

Scripture References

_____

_____

Notes

Prayer Requests

Keywords

Further Study

Date _____ **Speaker** _____

Topic _____

Scripture References

_____

_____

Notes	Prayer Requests

Keywords

Further Study

Printed in the USA
CPSIA information can be obtained
at www.ICGtesting.com
LVHW052233071224
798586LV00031B/819